ПРЕПОДОБНЫЙ ИУСТИН
(ПОПОВИЧ), ЧЕЛИЙСКИЙ

ХРИСТИАНСТВО ПО УЧЕНИЮ ПРЕПОДОБНОГО МАКАРИЯ ЕГИПЕТСКОГО

ORTHODOX LOGOS PUBLISHING

ХРИСТИАНСТВО ПО УЧЕНИЮ ПРЕПОДОБНОГО МАКАРИЯ ЕГИПЕТСКОГО

преподобный Иустин (Попович), Челийский

Икона на обложке книги:
«Макарий Великий», *Неизвестный автор*

© 2024, Orthodox Logos Publishing, The Netherlands

www.orthodoxlogos.com

ISBN: 978-1-80484-147-1

This book is in copyright. No part of this publication may be reproduced, stored in a retrieval system or transmitted in any form or by any means without the prior permission in writing of the publisher, nor be otherwise circulated in any form of binding or cover other than that in which it is published without a similar condition, including this condition, being imposed on the subsequent purchaser.

ПРЕПОДОБНЫЙ ИУСТИН
(ПОПОВИЧ), ЧЕЛИЙСКИЙ

ХРИСТИАНСТВО ПО УЧЕНИЮ ПРЕПОДОБНОГО МАКАРИЯ ЕГИПЕТСКОГО

ORTHODOX LOGOS PUBLISHING

СОДЕРЖАНИЕ

Христианская жизнь 7
1. Особенности христианской жизни 8
2. Цель христианской жизни 11

Путь христианского подвижничества 15
1. Сила благодати 16
2. Деятельность христианина 22
3. Действия злой силы 27

Христианское совершенствование 31
1. Обожение (τέωσις) личности 32
2. Обожение души 38
3. Обожение ума 42
4. Обожение воли 45
5. Обожение сердца 47
Заключение 50
Примечания 52

**Биография: Макарий Великий
(Макарий Египетский)** 56

ХРИСТИАНСКАЯ ЖИЗНЬ

Христианство – это великий дар Бога человеческому роду. Это именно дар, смиренное приношение Всесвятого. Всесовершенного Творца, выражение Его бесконечной любви. Учение преподобного Макария о христианстве открывает эту тайну совершенной любви, называя новозаветный образ жизни духовной стихией, «где столько мудрости и тонкости», что в ее познание человек приходит только при «постепенном возрастании» (Преподобный *Макарий Египетский*. Духовная беседа 15, 39. Духовные беседы. Свято-Троицкая Сергиева Лавра, 1994. Далее сокращенно: (*15,39*)

1. ОСОБЕННОСТИ ХРИСТИАНСКОЙ ЖИЗНИ

Постепенно совершенствуя свое внутреннее состояние, христианин не может не видеть, не переживать духовных качеств христианства, с которыми согласуется его внутреннее состояние, потому что Дух Божий наполняет христианскую жизнь и движет ею. При этом христианская жизнь имеет свои особенности. Чтобы полнее раскрыть их, авва Макарий первоначально обращает внимание на общее значение христианства. Для этого преподобный использует описание внутренних состояний последователей мира и христиан.

Показывая изнутри разные направления жизни, святой отец дает как бы духовную характеристику этим направлениям, вскрывая различие между ними. Этим противопоставлением преподобный выясняет общее преимущество и особенности христианства. Он пишет: «Мирские люди подлежат иному влиянию духа лести, по которому мудрствуют земное; а у христиан иное произволение, иной ум, они люди иного века, иного града, потому что Дух Божий пребывает в общении с душами их» *(15,9)* Макария никто не свободен от последствий духовного воздействия. Разделяя людей на два направления, авва Макарий сообщает общую, но очень точную характеристику духу, которому подчинены люди мира —

это «дух льсти» («лести»). Данная духовная ориентация, по мысли аввы Макария, находится в полной зависимости от земного, имея своим руководящим началом единственно земные цели. Подчиняя человека законам мира, «дух льсти» опутывает внутреннюю природу тонкими ощущениями «мирского сладострастия» (*25, 3*) в состоянии обмана, прелести, «льсти». Это духовное содержание жизни целенаправленно формирует и направляет разум, волю, творческие качества человека против его небесного призвания. Руководствуясь этим состоянием, мирянин не знает и не понимает духовных качеств христианства, потому что «противление явно и тайно во всем овладело» человеком (*21, 2*) и расположенность мирских людей к сладострастию, по мысли Преподобного, приводит их к крайней степени внутреннего расстройства, и тогда человек становится «чуждым самому себе»[1].

Вообще преподобный Макарий лишь кратко останавливается на описаниях приверженцев мира. Излагая закономерность духовных последствий противления Богу и образу жизни во Христе, авва также указывает первопричину этого противления. Наполненные духовным опытом. «Беседы» преподобного многократно выставляют ее на передний план, указывая на порчу от страстей и греховную тьму, которые «со времени преступления... лежат на всей твари и на всем естестве человеческом» (*43, 7*) во весь грешный род человеческий» (*5, 3*) этого, по учению аввы Макария, находится в человеческом естестве. Конкретизируя данную проблему, святой отец пишет, что «вследствие преслушания первого человека (люди) приняли в себя странное для нашего естества – вредные страсти» (*4, 8*) Следовательно, страстное человеческое естество является тем «материалом», с помощью которого дух противления обманывает, запутывает и обольщает человека.

Поэтому, в изъяснении святого отца, христианство является «великой тайной» (*27, 4*) силой, что человек «еще здесь может получить внутреннее освобождение от уз, тенет, преград и тьмы лукавых духов, то есть от действия тайных страстей» (*21, 3*) противопоставляя разные направления жизни, авва Макарий указывает общее значение и спасительное преимущество христианства. Далее Преподобный описывает особенности христианской жизни. Особенности христианской жизни, по святому Макарию, – это духовные частности жизни христиан, которые отличают новоначальных от подвизающихся и преуспевающих – от совершенных. В сочинении Преподобного находим богатый описательный материал, которым святой отец старается точнее передать особенности духовной жизни. Например: «святые души носятся и путеводствуются Духом Христовым» (*1, 9*) примешался к душе» (*2, 2*) «препобеждены ... небесным желанием» (*4, 15*) «порок льстит и склоняет волю ума» (*5, 9*) с томлением сердца» (*6, 1*) тьмы» (*14, 2*) «отрезвиться от вещественного упоения» (*24, 5*) раскрывается сложность духовной жизни. Видим, что ее содержание зависит от следующих основных причин – абсолютной духовности христианства, состояния греховности человека и необходимости подвига в духовной жизни. Наличие этих реалий способствует возникновению особенностей христианской жизни, которая обращает христианина к аскетическим средствам. Постепенно совершенствуя внутреннее состояние, подвижник приобретает духовный ум, духовную волю, духовное сердце и в целом согласует свою жизнь с Духом Божиим. Это «духовное возрождение» (*26, 2*) соотносить духовные особенности жизни с необходимыми аскетическими средствами и ясно представлять цель христианской жизни.

2. ЦЕЛЬ ХРИСТИАНСКОЙ ЖИЗНИ

По учению преподобного *Макария Египетского*, христианская жизнь является актом высокого назначения, которым христианин приобретает необходимое Духовное для совершенной полноты в этой жизни и в будущей. Цель христианской жизни, по учению египетского отца, достигается постепенным преодолением повреждений человеческого естества и духовных «поднебесных» препятствий (*Еф.6:12*), которые находятся в тесной взаимосвязи и поэтому устраняются единственно подвижническим путем. Другого пути в достижении цели христианской жизни авва Макарий не представляет, потому что путь – один, так же как и цель – одна. Основываясь на личном опыте, авва Макарий использует в изложении своего учения широкий «горизонт» богословско-мистических познаний. Это подтверждает высокую духовную жизнь преподобного.

По учению преподобного *Макария Египетского*, цель христианской жизни – это единение человека с Духом Божиим. Полный смысл этого духовного акта может стать понятным только тогда, когда мы увидим силу Духа Божия и Его помощь христианину в исполнении его небесного призвания. По учению аввы Макария. человек получил от Творца призвание «жить ... истинною жизнью» (*1, 12*) (*4, 8*) жизни Божества» (*4, 9*) же с Самим

Христом» *(15, 36)* Царю» *(16, 13)* «стать совершенным исполнителем заповеди» *(21, 2) (24, 6)* мудростию и общением, быть собственной его обителью, собственною чистою Его невестою» *(49, 4)*.

Предназначенная Творцом и указанная Преподобным через описание духовных состояний задача небесного призвания требует от жизни христианина, во-первых, постоянного духовного делания с большим напряжением сил, чтобы «перемениться, изменить прежнее свое состояние и поведение» *(44, 1)* что «душе невозможно самой собою жить в услаждении и упокоении» *(1, 11)* Христианин испытывает нужду в Духовном. Душа, обремененная ветхим естеством и утесненная подвигом, нуждается в освобождении, бесстрастии и духовном упокоении *(29, 7)* стяжание Духа Божия означает стяжание духовной силы, которая представляет для души человека всестороннее значение в жизни земной и помогает ему осуществить призвание небесное.

Всестороннее значение Духа Божия, по учению преподобного *Макария Египетского*, первоначально проявляется в освободительных действиях. Помощью и силой Духа мирская лесть ослабляет свои понуждения. Так же и страсти теряют над христианином господство и полноту власти. Следствием Его действий является постепенное обновление человеческого естества. Жестоко терзающие душу противоречия исцеляются исправлением ума, воли, воспитанием сердца, и в целом действиями Духа Божия человек правильно организует свою христианскую деятельность. Своими делами подвижник свидетельствует, что Дух Божий оказал на него просвещающее действие. Приобретаемое здравие души расширяет горизонт познаний, «распростирая мысли ума и в широту, и в долготу, и в глубину, и в высоту всей видимой и невидимой твари» *(46, 5)*.

Вследствие постепенного преодоления своего ветхого естества, своих страстей и греховных привычек, христианин изменяет внутреннее духовное содержание и, с помощью Духа Божия, «духовно возрастает, преуспевая пред Господом» (*1, 11*) называется «возродиться в ... землю живых» (*1, 11*) изменения в душе, подвижник опытно продолжает свой путь. Сравнительное познание внутренних состояний способствует дальнейшему стяжанию цели христианской жизни. Человек на опыте познает, что Дух Святой является «жизнью души» (*30, 6*) способность духовной реальности помогает христианину в духовном возрастании. Подвижник становится способным умозреть границы духовного пути, которыми отделяет себя от действий греха и постепенно становится победителем смерти. Усваивая живоносное качество Духа, христианин вместе с тем получает и все необходимое для дальнейшего стремления к Богу. Преподобный Макарий уточняет духовно-необходимое для вечной жизни: «приять елей небесной благодати» (*4, 6*) (*4, 27*) удостаивается «многих украшений» (*15, 43*) и освободиться от всего видимого» (*21, 2*) Божие и научиться духовному закону для исполнения святых заповедей Его» (*37, 11*).

Приведенные цитаты учат, что духовная жизнь имеет свои законы и особенности. Основной закон говорит о том, что совершенно все духовные состояния человека находятся в прямой зависимости от Духа Божия. По учению аввы Макария. единственно Духом Святым христиане пробиваются сквозь толщу поднебесных стихий, «шествуя поверх горького моря лукавых сил, потому что и тело, и душа их соделались домом Божиим» (*30, 7*).

Проделав этот трудный и опасный путь, подвижник приобретает совершенное познание о падшем естестве и падших духах, свидетельствуя жизнью о душевной чистоте и святости. В святоотеческом учении говорится о том, что христиане, стяжавшие святость, становятся чадами Божиими и сынами по благодати, потому что «чистыми имеют совесть и сердце и всецело искоренили в себе зло» (*26, 24*) более расширенно представляет состояние святости, описывая возможности природы этих «достойных верных душ» (*4, 11*) для них видим, и Неосязаемый, соразмерно свойству душевной тонкости, бывает осязаем» (*4, 11*) и сокровенный союз с Богом является ненасытным духовным желанием. Сокровенная сила Духа, проникая в составы человеческого естества «душа ... в душу и ипостась в ипостась» (*4, 10*) составляет с ним «один Дух» (*1Кор.6:17*), освобождая от ощущений пространства и времени. Прикосновением Вечного, Бессмертного, Божественного Духа душа испытывает «истинную жизнь» (*24, 5*) к Богу, увлекается весь человек, не оставляя земным стихиям даже малой его части. Всецело служа Богу, христианин становится духовно связан состоянием совершенства; по учению преподобного Макария, такая душа дошла до цели, потому что Духовным стяжанием приобрела «единую любовь к единому Богу и от всего отрешилась» (*5, 7*).

Передаваемый в «Духовных беседах» многоценный мистический опыт, по учению святого отца, является доступной для всех христиан духовной реальностью. Более того, христиане, «которые не вкушают небесной пищи Духа и не живут в нетлении, признаются Богом и святыми Ангелами достойными слез» (*1, 11*) *Макария Великого*, только в христианстве человек получает возможность Духовного стяжания, христианского совершенствования, и тем самым только в христианстве исполняется предназначенная Творцом духовная задача небесного призвания: «будьте совершенны, как совершен Отец ваш Небесный» (*Мф.5:48*).

ПУТЬ ХРИСТИАНСКОГО ПОДВИЖНИЧЕСТВА

Жизнь христианина всегда рассматривается как путь, потому что требует движения к высокой небесной цели. Движение к цели сопряжено со многими препятствиями, и поэтому христианин должен быть предельно собранным и рассудительным. В целом путь христианского подвижничества, движение к цели обучают духовной деятельности, законам благодати и помогают определять характер сатанинских действий.

1. СИЛА БЛАГОДАТИ

По учению преподобного *Макария Великого*, благодать – это премудрая сила Духа Божия, которая разнообразием действий подготавливает человека к принятию духовных дарований. По отношению к человеку благодать многоразлично устраивает его спасение, и человек становится способным «вступить с Господом в небесный чертог царствия и улучить вечное спасение» (*4, 7*).

Святые мысли Преподобного – это бесценное духовное сокровище опытного познания благодатных действий. По учению святого отца, действия благодати на человеческий род различны. Это различие отец Церкви представил действиями благодати в Ветхом и Новом Заветах. Не нарушая основного закона – любви, преподобный выделяет различие «силы» и «действенности» благодати в эти разные библейские периоды.

Характеризуя действия благодати в Ветхом Завете, авва Макарий пишет: «В подзаконной сени Божия сила непрестанно пребывала в праведниках, творя явные чудеса, и внутрь их обитала Божия благодать. Действовал также Дух и в пророках, и в душах их служил к тому, чтобы пророчествовать и вещать, и когда была потребности изрекать миру дела великие» (*50, 3*) В отличие от «сени законной», в Новом Завете, заметим, Дух Святой не действует в отдельных личностях, а «изливается» (на весь мир. – Авт.), потому что «на кресте, и по Христовом пришествии совершилось излияние Духа и упоение Духом» (*50, 4*) благодати подчеркивает, что история человечества претерпела «разрыв» Искупительной Жертвой и. следовательно, в отношения Бога с человеком привнесла изменение: «Мрежа благодати распростирается на всех и для всех ищет упокоения» (*15, 50*).

Всеобщность благодатного покрова является отличительной чертой новозаветного периода в истории. Опытно усвоив в подвиге веры и благочестия эту истину. Преподобный объясняет новый порядок отношений: «Господь домостроительствует с тем, чтобы не оставить не засвидетельствованными Свою Божественную благодать и призвание Свое... и чтобы обнаружилось свободное произволение человека» (*15, 27*) выделяет две характерные особенности новозаветных отношений Бога с человеком. Во-первых, всеобщность благодатного покрова свидетельствует о равноценном отношении и любви ко всему роду человеческому, а во-вторых, «домостроительством» призвания к Богу испытывается свободная воля и свободный выбор человека.

Установив общий характер новозаветного периода. Преподобный продолжает излагать свой духовный опыт описанием частных действий благодати. В этих описаниях заслуживают внимания определения благодати, которыми Преподобный засвидетельствовал свой богатый духовный, опыт. Например: «сладость Божия» (*19, 7*) (*8, 2*) (*24, 3*) свыше» (*25, 14*) «небесная соль» (*1, 5*) (*15, 50*) (*2, 5*) (*4, 8*) (*11, 3*) человек» (*12, 18*) «небесный огнь» (*14, 7*) (*40, 7*) «действенная сила Духа» (*15, 18*) Божие» (*15, 27*) «небесная душа» (*32, 6*) «небесное и божеское естество» (*20, 7*).

Определяя благодать так ярко и разнообразно, святой отец старается дать полное теоретическое знание об этой важной стороне духовной жизни. В этих определениях также наблюдается сотериологическая основа. Характер благодатных действий указывает на царственное положение человека и раскрывает его высокое достоинство как образа и подобия Божия (*15, 21*) Поэтому все действия благодати, по учению аввы Макария, многообразно направлены на душу, «чтобы ее совершенною, неукоризненную и чистою представить Небесному Отцу» (*18, 9*).

Постепенно раскрывая эту истину, Преподобный описывает начальные действия, которыми благодать «непрестанно сопребывает, укореняется и действует как закваска в человеке с юного возраста» (*8, 2*) авва Макарий выделяет потому, что простота и незлобие юности наиболее согласны с благодатью. Пока воля не вступила на путь греха, благодать «сопребывает в человеке, делается чем-то как бы естественным и неотделимым, как бы единою с ним сущностью» (*8, 2*) действия, сообщая душе радость, мир, любовь, истину (*7, 3*) неизгладимыми и простираются на всю жизнь. Человеку, пребывающему на заре своей жизни, подается призывающая благодать, то есть необходимый залог Духа, с помощью которого он получает возможность стать «причастником Божественного естества» (*49, 3*) по учению преподобного *Макария Египетского*, отношения благодати с человеком сосредоточены вокруг его воли. Из этого вытекает многообразие спасительных действий, потому что воля «приводится в колебание ... всякого рода удовольствиями» (*5, 2*) свои действия к его пользе» (*8, 2*) человека на путь подвижничества.

В «Духовных беседах» содержится богатый духовный материал о действенности и силе благодати в подвизающихся, Действия благодати направлены на духовное возрастание христиан. Все духовные уровни и состояния подвержены благодатной «переработке». Начальные, преуспевающие и совершенные христиане по-разному переживают действия силы Божией и в меру своей внутренней чистоты по-разному усваивают благодатную причастность.

Спасение души совершается следующими действиями благодати.

На душу новоначальных в христианском подвижничестве благодать действует «благоустрояюще». Их внутреннее состояние, по слову аввы Макария, – «омраченный дом», и поэтому нуждается в «божественном светильнике» *(11, 3)* человека через духовное образование ума. Благодать «влагает в душу сокровенные небесные помыслы и втайне упокоевает» *(32, 10)*.

Если христианин отвечает взаимностью и «захочет приневоливать и нудить себя ко всякому упражнению в добродетели» *(19, 7)* становится подвизающимся. Тогда, по слову святого *Макария Великого*, благодать «упражняет его во бранях», а во внутреннем состоянии «появляются как бы два лица, свет и тьма, упокоение и скорбь» *(26, 15)* перемена объясняется действиями благодати, которая «по особенному смотрению удаляется от нас, чтобы мы усиленнее искали ее» *(27, 12)* испытывается свободная воля человека, «к чему она склонна и с чем согласна» *(26, 5)* почитают Бога» *(29, 2)* изменяет свои действия. Если воля засвидетельствовала свою духовную опытность и душа «после великого терпения и великодушия, после искушений и испытаний» осталась верной, тогда «действие Божией благодати открывается в человеке, и он принимает дарования Духа Святого» *(9, 7)* грех изменяет характер отношений. Благодать оставляет человека, но, при этом, «Сила Божия не попускает тьме войти в душу и поглотить ее» *(47, 9)*.

Для преодоления греховных препятствий христианин имеет возможность получить благодатную помощь *(4, 4)* По учению Преподобного, необходимы следующие средства: «молитва с верою и со всяким до конца терпением» (*29, 3*) продолжении времени и целых лет» (*9, 1*) направление воли, веру и надежду подвижника. Если христианин оказался «доблестным», благодатная помощь содействует, научая «истинной, неразвлекаемой, нерассеянной молитве» (*31, 2*) (*11, 14*) благодать, приобретает «благоискусное произволение, всегда пребывая в единении с благодатию» (*24, 6*) находясь «под обучением благодати» (*32, 10*) «необычайного для нас – небесного дара Духа» (*4, 8*) выполняет спасительную необходимость – «войти в состав и в единение с естеством нашим» (*4, 7*) чтобы «восстановить нас в первоначальную чистоту» (*4, 8*) также указывает средства, которыми христианин приумножает благодать – «великое смиренномудрие и сердечное сокрушение» (*41, 3*) в человеке, благодать обессиливает порок, который «отчасти остается в душе, но не вредит и не имеет никакой силы» (*18, 3*) христиане просвещаются Христовым светом, потому что «снято с них покрывало тьмы» (*14, 2*) обновляет» (*16, 7*) корни до глубочайших составов и помышлений души, пока вся не будет объята небесной благодатью, царствующей в этом сосуде» (*41, 2*) действия благодати «расширяют и возвышают человека до беспредельного и безмерного возрастания, пока не возрастят в собственный свой возраст» (*47, 17*) причастником Божественного естества» (*49, 3*) Божию» (*17, 10*) совершать всякую правду и все заповеди Господни чисто, совершенно и неукоризненно» (*18, 3*) человека только тогда, когда «душа при общении с Духом Святым делается с ним единым духом» (*16, 2*).

Таким образом, прикровенный характер действий благодати в Ветхом Завете раскрылся до совершенной полноты в отношениях Бога с человеком в Новом Завете. По учению аввы Макария. в новозаветный период благодать непрестанно и таинственно располагается к человеку, ищет его спасительной новозаветной деятельности. «Поддерживая и руководствуя душу в чувстве» (*47, 11*) освобождает душу от греха. Этой постепенностью «человек мира» становится христианином, а христианин – подвижником и совершенным христианином.

2. ДЕЯТЕЛЬНОСТЬ ХРИСТИАНИНА

Жизнь христиан должна быть направлена на то, чтобы «соделаться мужественными и готовыми идти вслед Христа» (*17, 4*) образ жизни, по учению преподобного *Макария Египетского*, предполагает наличие подвига, потому что «человек удобно вмещает и приемлет в себя лукавое» (*11, 11*) при исполнении Евангельской обязанности. Деятельность христианина, основанная на подвижничестве, является основной темой аскетического богословия преподобного Макария. Глубоко проникая в тайну личности, святой отец выявляет две противоборствующие силы в естестве человека, которые определяют необходимость христианского подвига в его жизни. Положительная сила – это внутреннее желание «быть чистым, неукоризненным, неоскверненным, не иметь в себе порока, всегда пребывать с Богом» (*2, 3*) противоестественной поврежденности «недугом неведения, порока, неверия, небоязненности и прочих греховных страстей» (*4, 26*) вызывают «борение, равновесие, склонение и перевес то любви к Богу, то любви к миру» (*5, 8*) жизнь подвигами. Описание необходимых подвигов сопряжено с описанием органов познания – сердца, воли, рассудка, ума, совести, непосредственно принимающих участие в духовном возрождении человека. Такая форма изложения – во-первых, внешнего поведения, а во-вторых, описание функций органов познания духовного бытия – является объективной и способствует спасительной деятельности христианина.

По учению преподобного *Макария Египетского*, для достижения совершенства душа христианина должна «отвращаться от лукавых кружении» (*4, 4*) удаляться от всякого лукавства и худого предубеждения» (*4, 24*) с прежними своими нравами и навыками» (*32, 9*) и смиренномудрием приступать к христианскому подвигу» (*34, 3*) скорбеть, плакать, болезновать» (*1, 10*) и рассудительностью своей воли» (*4, 4*) Господа в уме» (*3, 3*) всякое доброе дело» (*19, 1*) хранить совершенное целомудрие и любовь ко Христу» (*15, 2*) кротости и мудрости» (*6, 2*) (*27, 21*) и тщательно, неослабно и неутомимо должна искать дара Божия» (*29, 3*) «всецело предаться Господу» (*18, 11*) другими описаниями подвижнических стремлений к Богу авва Макарий свидетельствует, что деятельность христианина должна быть направлена против собственных страстей), мира и злой силы. Указанные противники лукаво и безжалостно препятствуют спасению человека, от чего путь Христианского подвижничества «тесный и узкий» (*12, 5*).

По учению Преподобного, наиболее трудно преодолимые препятствия на пути духовного возрождения – злая сила и греховное естество. Особенно важно проследить взаимосвязь этих главнейших препятствующих сил и определить «оружие» для борьбы с ними. Авва Макарий считает главным органом духовно-душевной природы человека сердце. «Сердце владычественно и царственно в целом телесном сочленении» (*15, 18*) с сердцем» (*15, 33*) имеет много естественных помыслов, которые тесно с ним связаны» (*15, 32*) «сердце есть какая-то беспредельная глубина» (*15, 30*) (*17, 15*) «глубиной» и «бездной», следовательно, он может способствовать самым высоким духовным переживанием человека, а также вмещать познание высочайших таин Божиих. Вместе с тем его «глубина» в такой же мере может служить и гибельному, сатанинскому стяжанию, может становиться «престолом сатаны» *(15, 33)* который, «вошедши в душу, стал ее членом... и струится в сердце множеством нечистых помыслов» *(15, 33)* помыслы сердца, «свободно и со властию» *(15, 12)* состояние души – это всегда прямое указание на состояние сердца.

Сатанинская сила, занимая «владычественную и царственную в телесном сочленении» сердечную область, также влияет грехом на ум и плоть человека. Преподобный так описывает это влияние: «Лукавые духи, сатана и демоны удерживают ум и запинают душу... и не дозволяют правильно молиться и приближаться к Богу» *(27, 19)* грех, став «членом души, прилепился даже к телесному человеку» *(15, 33)* Данная характеристика говорит о том, что от состояния сердца зависит жизнедеятельность человека. В «Духовных беседах» святой *Макарий Великий*, с высоты своего духовного ведения, ярко иллюстрирует тесную связь злой силы с греховным естеством и силу влияния греха на духовно не возрожденных людей: «Князь лукавства, будучи некоей мысленной тьмой греха и смерти, каким-то сокровенным и жестоким ветром обуревает и кружит весь на земле человеческий род, непостоянными помыслами и мирскими пожеланиями уловляя человеческие сердца, тьмою неведения, ослепления и забвения наполняет всякую душу, не рожденную свыше и мыслью и умом не преселившуюся в иной век» *(5, 3)*.

Христианин в процессе духовного возрождения и совершенствования обязан преодолевать эти препятствия. Но, по учению аввы Макария, принадлежащие христианам «и слава, и красота, и небесное неизглаголанное богатство приобретаются трудом, потами, испытаниями, многими подвигами, но не иначе как при Божией благодати» (*5, 5*) указывают, во-первых, на внутреннее желание «быть чистым, неукоризненным, неоскверненным» и на любовь к Богу, а во-вторых, на «предначинание в природе человека», то есть на состояние свободной воли, потому что «совершение дела Духом зависит от воли человека», «ее-то и взыскует Бог» (*4, 4*) раскрывая внутреннюю взаимосвязь органов познания духовного бытия, преподобный *Макарий Египетский* определяет направляющую часть воли – рассудок, которым «душа отвращается от всякого мирского пожелания, а за это получает от Господа помощь к действительному своему охранению». Такая спасительная деятельность христианина предполагает, по законам духовной жизни, переход во внутреннее подвижничество, то есть сосредоточенность на мысленной брани. Святой отец по этому поводу пишет следующее: «Кто сколько ограждает себя по внешнему человеку (рассудительностью воли. – Авт.), столько же он должен бороться и вести брань с помыслами» (*3, 3*) плотским умом и помыслами, по преподобному Макарию, возможна: «Утверждаем, что ум есть борец, и имеет равномощную силу препираться с грехом и противиться помыслам» (*3, 5*) порочные стремления и гнусные пожелания» (*15, 21*) потому что «на уме легли неудобоносимые горы, и примешавшиеся порочные помыслы стали как бы собственностью человека» (*15, 23*) твой ум, помышления и движения мыслей» (*31, 3*) с тем, определяет степень духовной зрелости христианина, так как «все благоугождение и служение зависит от помышлений» (*31, 3*) произвести борьбу в помыслах, чтобы в сердце его воссиял Христос» (*42, 3*).

Действия ума и его противоборство греховным внушениям тесно связываются с совестью, которая, по учению *Макария Великого*, называется «обличающей) (*15, 31*) согласия на помыслы, повинующиеся греху, но.., всегда обличая, свидетельствует, что будет говорить пред лицем Божиим в день суда» (*15, 32*).

Наличие таких сил души, их внутренняя организация и спасительная направленность отличают христианина от всех людей в мире «обновлением ума, умирением помыслов, любовью и небесною приверженностью ко Господу», а по учению преподобного *Макария Египетского*, христианин с таким духовно возрожденным состоянием души есть «новая тварь» (*5, 5*) деятельность христианина, направленная на духовно-нравственное совершенствование во Христе, должна представлять полноту, то есть духовную жизнь, состоящую из внешнего подвижничества и внутреннего делания. Отсутствие внутреннего возрастания и делания Христова» лишает христианина «небесной пищи», потому что подвизающийся «одним наружным видом и телесными преуспеяниями внешнего человека», умом и сердцем «увлекается к миру и земным привязанностям» (*31, 6*) получил от Бога необходимые для борьбы естественные «оружия», чтобы преодолевать грех, «предусматривать козни сопротивной силы» (*7, 8*) а также, постепенно и непрестанно удаляясь от мира, приближаться к Богу. Указанная полнота в деятельности христианина, по учению святого отца, способствует стяжанию благодатной помощи. С помощью которой на пути христианского подвижничества «искореняется грех» (*3, 4*) совершенства.

3. ДЕЙСТВИЯ ЗЛОЙ СИЛЫ

По учению аввы Макария, на пути христианского подвижничества злая сила лукаво, изворотливо и разнообразно препятствует душе приближаться к Богу (*27, 19*) эти действия, указывая при этом на их общий и частный характер.

По учению святого отца, со времени Адамова преступления злая сила получила «власть и свободу» изнутри действовать в человеке (*15, 12*) Адам первоначально «внешним слухом» (*11, 5*) которое через «высокоумие и надменность» (*27, 5*) объяло все его существо» (*11, 15*) и лукавою, потому что воцарился над ним князь тьмы» (*30, 7*) прародителей лукавством сатаны, по учению Преподобного, также подчиняет греху весь человеческий род, называя его «родом Адама» (*5, 2*) злой силы на человеческий род исполнены власти, потому что в целом сердца людей уловляются «мирскими пожеланиями», «земными и мирскими связями» и «земными делами». Поэтому «князь злобы один в состоянии сеять всех непостоянными, вещественными, суетными, мятежными помыслами» и наполнять души «тьмою неведения, ослепления и забвения» (*5, 3*).

Такая общая характеристика духовной мертвости человеческого рода раскрывается в деталях, когда преподобный Макарий подробно изъясняет частные действия злой силы на душу отдельного человека. Действия злой силы против отдельного человека направлены на совершенное истребление образа Божия в человеке, потому что «его это дело, и такова его воля» (*26, 3*) с помощью греха – «...умной и мысленной силы сатаны» (*24, 3*) прародительское преслушание получив вход в сердце (*15, 2*) душе (*2, 2*) в человека ветхого, оскверненного, нечистого, богоборного, непокорного Божию закону – в самый грех», чтобы он «видел, слышал лукаво, ноги поспешали на злодеяния, руки делали беззакония и сердце замышляло лукавое» (*2, 2*) Это состояние души авва Макарий называет «темною завесою» (*17, 3*) враг «опутывает, окапывает, остеняет и оковами тьмы связывает душу» (*21, 2*) (*15, 26*) «живет и действует в сердце» (*16, 6*) умом, во глубине помыслов» (*17, 15*) внутренние процессы, или «движения», греха. Внутренним развитием зла человек «увлекается в явные грехи и доводит их до совершения самим делом» (*15, 46*).

По учению преподобного Макария, внутрисердечная жизнь частично находится в ведении сатаны, обладая «несколькими ветвями помыслов и намерений» (*26, 9*) в сердце», а также имея «много помыслов и предначинании» (*40, 5*) грех «ежечасно порождает новые помыслы против души» (*40, 5*) источника всегда источает из себя струю» (*15, 46*) помыслы греха обнаруживают себя, во-первых, «чаще всего как бы под видом добрых помыслов, что этим можно благоугодить Богу... вовлекая душу в предприятия тонкие и благовидные» (*26, 12*) всякую злую похоть» (*38, 4*) в ум и в помыслы» (*11, 11*) в мысли человека» (*15, 19*) человека, «сатана берет силу над помыслами и вводит их в заботу о вещественном и земном» (*11, 7*) этот разумный двигатель» (*42, 3*) принуждать» (*27, 10*) Грех, услаждая душу тварным, «соблазняет и убеждает ее» (*15, 26*).

Преподобный Макарий, описывая действия злой силы на данном этапе духовной брани, указывает возможные последствия в «тактике» сатаны при разном поведении человека. Если человек принимает греховные внушения, или «первенцев» (*47, 12*) тогда «внутренний порок, постепенно разливаясь с приумножением (т.е. углубляя и развивая греховную мысль. – Авт.)» (*15, 46*) пробегая по всем членам» (*15, 48*) Это значит, что зло «действуя в нас со всей силой ощутительностью» (*16, 1*) «в ничто обращает и опустошает ум, рассевая помыслы в этом веке» (*15, 45*) умом, «грех берет человека в свое подданство», «в каждом с младенчества возрастает, воспитывается, учит худому» (*41, 1*) «и к тысячам злых дел» (*15, 4*).

Если человек «противостоит умом и ведет внутреннюю брань, борется с пороком и не слушается его, не соуслаждается им в помыслах» (*15, 26*) что душа совершенно избегает его владычества, устремляется с большой наглостью... преследуя скорбями. искушениями и невидимыми бранями» (*47, 12*) учению преподобного Макария, более всего «лукавые духи не хотят», чтобы христианин «возрастал» и становился «совершенным мужем», потому что преуспевающий подвижник «начнет вникать в свои домашние дела и домогаться господства» (*43, 3*) у которого... много ухищрений» (*27, 19*) удержать душу, укрепляя страсти ложным учением (*44, 2*) свои действия против истины, «стараясь затмить и возмутить ее заблуждением» (*17, 13*) Например, авва Макарий опытно указывает на лукавые помыслы, которыми христианин сдерживается от подвигов; так, «устремление к Богу кажется трудным по суровости подвигов добродетели» (*4, 17*) представляется «неудобоисполнимым и невозможным – обратиться от множества предвозобладавших над нами грехов (а такая мысль есть внушение злобы и служит препятствием к: нашему спасению)» (*4, 25*) – это постепенное духовное возрастание человека. На этом пути к христианскому совершенству, с помощью Божией благодати, человек опытно определяет причины греха и его развитие. Испытывая действия греха, христианин становится противником самому себе, потому что естество оказывает сильнейшее противодействие спасению души. Приобретая эту опытность, становится искусным подвижником, вместе с тем различая меру и степени в добродетелях. Освящаясь душой, умом, сердцем и направляя волю единственно на стяжание Духа Божия, христианин приобретает состояние совершенства, то есть «единую любовь к единому Богу» (*5, 7*).

ХРИСТИАНСКОЕ
СОВЕРШЕНСТВОВАНИЕ

1. ОБОЖЕНИЕ (ΤΕΩΣΙΣ) ЛИЧНОСТИ

Человеческая личность, благодатно преображенная этической триадой (верой, надеждой, любовью), постепенно формируется – κατά Χριστόν – по Христу, пока не станет «христообразной», пока не обожится. Разумеется, что переход из этической триады в Божественную является таинственным и всегда находится вне анализа как антропистического, так и антропоцентрического понимания. Здесь необходимо благодатно-мистическое переживание (испытание) самого факта сверхчувственного перехода. Преподобный *Макарий Великий* является образцом переживания (испытания) такого таинственного перехода из «этической» триады в Божественную. По его учению, этическая триада положена между человеком и Божественной Триадой. Этическая триада является как бы предтечей, возвещая Троичное Божество, она – этическое введение в догматику христианства. Через нее совершается таинственное этическое совоплощение, совершается процесс обожения личности, ее «отроичение». Обожение – это самая высокая ступень, которую достигает личность, реинтегрированная богочеловеческой «этической триадой». Благодатно-мистическое возрастание личности преподобный Макарий сам пережил (испытал) и это переживание богодухновенно описывает.

Процесс обожения личности человека всегда находится в категории богочеловечества. Через «этическую триаду» Господь совоплощается, соединяется со святыми и верными душами, вносит «душу в душу и ипостась в ипостась» (*4, 10*) жизнь Божества» – Ζωης Θεοτητος μετασχειν, – то есть «возмогли быть причастными жизни Божества» (*4, 9*) богочеловеческой и бессмертной жизнью (*4, 11*) Лазаря свои богочеловеческие слова, Господь «дал ей какую-то таинственную силу из Своего существа» εκ της αυτου ουσίας (*12, 16*) душу – φυχη εις φυχήν, и дух в дух – , и Божественная сила исполнила ее сердце» (*12, 16*).

Усвоение Христа в собственную природу делает людей святыми и обоженными. Святые в этой жизни воспринимают в себя по существу и Его природу – εκ της αυτου ουσίας και φύσεως... (*15, 38*) личности охватывает все ее психофизическое содержание. Человек облачается в «нового наднебесного человека Иисуса Христа»: его глаза преображаются в глаза Господни (οφθαλμους προν οφθαλμούς), его уши – в уши Господни, голова его – в голову Господню, чтобы весь – ολος – был чистым, нося поднебесный образ – την επουράνιον εις
όνα» (*2, 4*) Принимая «небесный дар из существа Божества» – εκ της υποστάσεως της Θεότητος (из Божественного существа), христиане становятся «причастниками Божией природы» – Θείας κοινωνοι φύσεως (*39, 1*) и обновить наши души, и чтобы сделать их сопричастницами Божественной природы – Θείας κοινωνοι φύσεως – и чтобы нашей душе дать небесную душу, то есть Божественного Духа, Который ведет только к истине, чтобы мы могли жить вечной жизнью».

Ζωην αιωνιου Ζησαι (*44, 9*) участницей в Божественной природе Θείας κοινωνοι φύσεως, через благодатное изменение «этическои триадой» ее ветхого содержания (*44, 9*).

Всю природу человеческой личности Христос изменяет, восстанавливает и обожает, «срастворяя – κεράσας – со своим Божественным Духом» (*44, 1*) христиан по состоянию является таким, что они становятся «христами», от одинакового существа – της αυτου ουσίας – и почти от одного тела» (*43, 1*) освящает и которые освящаются, все они от Одного» (*43, 1*) христиане есть сыны, и господа, и боги» – θεοί (*44, 5*) познают (испытывают) жизнь, как богочеловеческую реальность. Для них открыто, что все богосозданное является благом и что «всяка тварь Божия добра» (*1Тим.4:4*). Процесс обожения человеческой личности – от богочеловеческого начатка до полного возрастания – проходит все этапы органического возрастания. Такой человек «постепенно – κατα μικρόν – возрастает до совершенного человека, приобретая полноту совершенства» (*15, 41*) личности постулирует рождение от Бога. «Жизнь – это рождение от Бога, ибо без этого невозможно жить душе, как Господь говорит: «Если кто не родился свыше, не может войти в Царство Божие» (*30, 3*) спасения Господь низводит на рождение «из Его Божества» – εκ της Αυτου Θεοτητος (*30, 2*) «род человеческий как свой собственный образ» – ώς ιδίαν ειςόνα, Господь хочет, «чтобы их (т.е. людей) рождать из самого семени Божества» – εκ της αυτου σπέρματος της Θεοτητος (*30, 2*).

Рождаясь из Христа Богочеловека, новорожденный (преподобный) получает богочеловеческий характер и способности, так как в детях, которые родились от семени Христа –εκ της σπέρματος Αυτου, сформирован, изображен – εμορφώθη – Христос (*14, 4*) Христом человек находит свой Божий образ в Богочеловеке, и Сам Христос является возобновителем, воссоздателем. архитектором личности, как «прекрасный Живописатель, Который в тех, кто верит в Него и непрестанно взирает на Него, живописует небесного человека по Своему образу – κατα την ειςόνα Αυτου, из самого Духа, из существа – εκ της υποστάσεως – Своего несказанного света, рисует небесную икону – и дает душе прекрасного и доброго Жениха» (*30, 4*) жизнь непосредственно зависит от концентрирования всех жизненно важных сил души в εικών – образ Христа. Душа мертва, если не имеет в себе «жизни души», то есть если не носит «небесный образ Божественного света» (*30, 5*) образа небесного Духа в неизреченном свете, то есть Христа, напечатленного в себе» – Χριστον εντετυπωμένον εν αυτη (*30, 5*).

Христиане познаются по «образу Царя» Христа (*38, 1*) который имеют в себе. «Если кто не рожден от царственного Духа Божия, и не станет родом небесным и царским, и Божиим чадом..., не может он носить небесный и многоценный бисер, образ несказанного света – την εικόνα του φωτος του αλαλήτου, то есть Господа (*23, 1*) единство горнего света и дольнего мира, физического и метафизического, потому что носит в себе «образ небесного» человека (*23, 1*) образ – Иисус Христос – таинственным образом озаряет душу ныне и царствует в душах святых» (*2, 5*) преображаются во образ Христов (*5, 10*) Христос (*5, 10*) совлекается ветхого, находящегося под властью диавола человека и облекается во Христа (*42, 3*) принять Его образ как свойственный себе – это и есть единственный и предвечный смысл личности (*Гал.4:19*). Христиане, которые «соединены с Духом Божиим, уподобляются самому Христу»[2]. Нельзя считать христианами тех, которые не уподобились Христу, которые не стали «причастниками Божественного естества» и не соединили своей природы с Солнцем Правды – Христом (*35, 5*) природой» (*24, 6*) человеку нужно подвизаться подвигом «этической триады». «Когда твоя душа общается с Богом, и войдет небесная душа в твою душу, тогда ты совершенный человек в Боге, и наследник, и сын (*32, 6*) христиане «внутри исполнены Божеством» (*26, 15*) Божество обоживает человека, делает его богоносным и богообразным. «Силою Духа и духовным возрождением человек достигает совершенства первого Адама и становится даже выше его, потому что делается обоженным» – αποθεουται ανθρωπος (*26, 2*) человек – единственный природный оригинал того, что именуется – «человек». Обожение существенно сближает с Богочеловеком Христом, и человек становится Его «братом и сыном» (*14, 8*) что христиане суть «сыновья небесного Адама, дети Святого Духа, светлые братья Христовы, подобные своему Отцу, светлому духовному Адаму» (*16, 3*) Божественная Триада единственно вечно новая, и соединяясь с Ней, человеческая личность становится и пребывает «новой тварью» (*12, 17*).

Вся бесконечно сложная жизнь настоящего христианина, если она устремлена к Троичности, рождается от Бога горним рождением – рождением от Святого Духа – и тогда носит и содержит в себе Христа, который освящает и успокаивает подвижника, и он всегда водим Духом Святым (*17, 7*) несовершенства, а достигнув совершенства, то есть совершенно – τελείως – очистившись от всех страстей и удостоившись соединения с Духом, становится «вся светом, вся оком, вся духом, радостью, покоем, любовью, милостью, добротой и милосердием» (*18, 10*) в себе Бога, или носимая Богом, вся делается оком» (*33, 2*) «отроиченные», «христообразные» люди имеют душу, соделанную с помощью добродетелей Святого Духа, и «внутренне они неукоризненны, непорочны и чисты» Они становятся по благодати – κατα χάριν – тем, чем Бог является по природе (*19, 6*) φύσιν, и все их добродетели – ως χάρις – как природа (*19, 6*) с богочеловеческой личностью Христа. Господь живет в человеке, и человек – в Господе, «и Сам Господь беспрепятственно совершает в нем Свои собственные заповеди, исполняя его плодами Духа» (*17, 1*) «христообразным», обоженным и сущность своей жизни выражает таинственными словами святого и великого Павла: «Уже не я живу, но живет во мне Христос» (*Гал. 2:20*).

Невозможно точно, путем логического анализа, составить таинственное, благодатно мистическое соединение человеческой личности со Христом, и через Него – с Отцом и Духом Святым. «Обогочеловечение» является синонимом «отроичения». Взращивание личности через «этическую триаду», ее формирование по образу Божию – κατ᾽ εἰςόνα Θεου – Христос таинственно совершает Духом Святым, пока личность не станет обителью Святой Троицы[3]. Обожение, обогочеловечение охватывает всю личность. Богообразность в характере личности преобладает, грех исчезает, и человек возвращается в состояние до падения, состояние безгрешной богообразности.

Процесс обожения охватывает и все орудия познания духовного бытия. Их соединение с Божеством приводит к состоянию обоженности, обогочеловеченности. «отроиченности». Процесс их обожения богомудро излагается преподобным Макарием. Для полноты попробуем передать его учение об обожении главных «гносеологических орудий» – души, ума, воли и сердца.

2. ОБОЖЕНИЕ ДУШИ

С помощью «благодатно-этической триады» (вера, надежда, любовь) мистико-интимные отношения души со Христом развиваются до брачной интимности невесты и жениха. Христос становится «женихом» души, а душа – «невестой Христовой»[4]. Охваченная этической триадой, душа горит «ненасытным духовным желанием к Небесному Жениху» (*10, 1*) триады» душа любодействовала с сатаной. Теперь она «общается только с небесным Женихом»[5], так как, уязвленная любовью, стремится за Ним и горячо желает прекрасного, разумного и таинственного союза с Ним, союза святого и бессмертного[6]. Израненную грехом душу человека Бог «очистил и раны исцелил», и «привел ее к Небесному Жениху» (*27, 3*) «этической триадой». Господь очищает от «присутствующего в ней зла и делает ее. Своей беспрекословной и непорочной невестой» (*33, 4*) брачные отношения душа приходит к познанию своей природы и своей цели. Небесный Жених делает ее «не только храмом Божиим, но и дочерью Царя и царицей»[7]. Сочетавшаяся Христу душа становится «Церковью Божией» – εκκλησία του Θεου, и все ее силы и стремления сливаются в духовную соборность, потому что душа вступает в гармоничный союз с Небесным Женихом «и соединяется с Небесным» – κυρναται τω επουανίω (*12, 15*).

Таинственное соединение невесты-души с женихом-Христом совершается постепенно. Прежде всего Бог «воскрешает душу от смерти», потом «очищает от нечистоты» и берет к Себе, изменяя ее постепенно – κατα μικρόν, «пока не, возрастит в Свой собственный возраст». «Расширяет ее и возвышает в бесконечное и неизмеримое возрастание – εις απέρατον και αμέτρητον αυξησιν, пока не станет (душа. – «Авт».) непорочной и достойной Его невестой. Сначала рождает ее в Себе и взращивает через Себя, пока (душа) не восприемлет совершенную меру Его любви. Совершенный Жених – τέλειος Νυμψίος – принимает ее, совершенную невесту – τέλειον Νύμψην, в святой и таинственный брачный союз. И тогда душа царствует с Ним бесконечно» (*47, 17*) веселится и общается со Христом «так, как невеста общается с Женихом» (*38, 5*).

Таинство брака души-невесты и Христа-жениха как бесконечное вырастает в вечное великое таинство Церкви и Христа (*Ефес. 5:32*). Созерцая это бесконечное блаженное таинство, душа преподобного Макария изливается в радостном восклицании: «О, тесное общение невесты с Небесным Женихом!» (*25, 8*).

Соединение богообразной души со Христом совершается Святым Духом. Когда душа – «ολη εξ ολου» – всецело посвятит себя Господу посредством «этической триады», когда она вся Ему предстоит и непрерывно творит Его заповеди, тогда Святой Дух озаряет, и осеняет, и удостаивает «быть с Ним одного духа и одного состава» – μετ' αυτου εις εν πνευμα και μίαν κρασιν γένεσθαι (*9, 12*) «Через κρασις – соединение со Христом – душа человека становится воистину как душа Господа» – ως ψυχη του Κυρίου[8], а также и «Господь становится как душа»[9], и Господь, «сидя на троне величества на высоте, в небесном граде, весь с ней (душой. – «Авт».) в ее теле – την δε ιδίαν εισόνα του αρρήτου, потому что Он ее образ (т.е. образ души) – αυτης ειςόνα – поместил на совершенную духовную высоту в небесном граде святых – Иерусалиме, а Свой личный образ неисказимого света Божества поместил в ее теле» – την δε ιδίαν εισόνα του αρρήτου φωτος της θεοτητος αυτου (*46, 4*).

Воссозданная «этической триадой» человеческая личность реально бесконечна, потому что богообразной душой она живет в бесконечном Царстве Христа, но такая личность и бесконечно реальна, потому что и в теле, как и в душе, живет образ Христа – та единая бесконечная реальность. «Он (т.е. Христос) служит ей (т.е. душе) в граде ее тела, но и она Ему служит в Небесном граде» (*46, 4*) стал душой личности человека. «Господь – истинный художник» – пересозидает сердце, таинственно его обновляя, пока оно не станет таким же, каким было прежде падения человека, и тогда обнаружится богообразная «красота души» – της ψυχης το κάλλος (*16, 7*) Душа благодатно-нравственно соединенная со Христом, пребывая во Христе, вся пребывает и движется в Царстве Святой Троицы. Природа души является обоженной, вся деятельность души троичная, богообразная, «христообразная» (*18, 10*) личности сохраняется в процессе продолжительного духовного возрастания, и личность достигает завершающей стадии, когда приимет «всю полноту Христа» и вырастет «в совершенного человека»[10].

Такая личность полностью «христообразна», все ее психофизическое содержание озаряется «христообразной красотой», потому что она «осиянна несказанной красотой образа Христа» (*1, 2*) доходит до последних тайников души, изгоняя из них последнюю частицу греха и всю страстную тьму. Изгоняя грех – эту единственную причину некрасоты и уродливости, созидает «бесстрастную и бесконечную красоту – απάγεια και αφθορον κάλλος – души»[11] и делает душу «престолом славы, восседая и упокоеваясь в ней» (*33, 2*).

Богочеловеческое бесстрастие – απάγεια – души является в Новом Завете чем-то совершенно новым. Христос воплощается, чтобы люди могли быть причастными Его бесстрастию[12]. «Ради освящения и прикровенного бесстрастия Спаситель обитает в достойных, чтобы сделать их бесстрастными – απαθεις, в тех, которые приняли Его, бесстрастного – απαθής[13]. «Совершенной меры бесстрастия» достигают только христообразные души, созданные этической триадой и «обоженные обитанием в таинственных благодатных глубинах Триипостасного Божества» (*10, 2) – 5)* Целью благочестия является очищение души через добрые дела и обитание в ней Святого Духа[14]. Но полностью очистить душу возможно только молитвенно-благодатным пересозиданием себя этической триадой[15]. Посредством этической триады Дух Святой входит в душу человека, становится душой его души и делает его совершенным (*32, 6*) с небесной душой, становится обителью Святой Троицы, «так как Божественная Троица обитает в очищенной душе» 'Ενοικει γαρ η Θεια Τριάς εν τη καθαρτως εχούση ψυχη[16], «обитает такой, какая Она есть – ου ταθ' ο εστιν, ибо ни одна тварь не может вместить больше, чем способен вместить человек»[17]. Этой «совершенной меры Христианства» достигает только святая, чистая, обогочеловеченная душа (*32, 6*).

3. ОБОЖЕНИЕ УМА

Обожение ума достигается через κρασις – соединение ума человека с умом Богочеловека. Вечный смысл человеческого ума – «соединиться с безначальным Умом – ινα ανάρχω νοι σύγκραθη»[18]. Но чтобы стяжать такое соединение, человеку необходимо пройти подвиг этической триады – веры, надежды, любви. Когда ум пройдет эти подвиги и изменится с помощью этической триады, только тогда он удостоится стать «одним духом с Господом» (*10, 11*) (Col.540 A.), чтобы обогочеловечиться. Если человек подвизается добровольно и допускает благодать Святого Духа облагодатствовать ум до конца и обитать «в глубочайших глубинах ума», тогда Господь «соединяется с умом»[19] и становится с человеком «одного духа, одного состава, одного ума» – εις μίαν διάνοιαν (*46, 31*) Ум облагодатствованный, ум, очищенный молитвой и преодолевающий греховную ветхость, становится «новым умом» – καινος νους (*44, 1*) ум, исцеляет его от слепоты и глухоты, неверия и незнания, возвращает ему здравие» – и «возвращает ему целость и блеск» (*25, 5*) Господь воскрешает ум из ада греховности и смерти, освобождает его от уз дьявола и возносит в божественный воздух, божественную атмосферу – εις τον θείκον αέρα (*11, 11*) – *12*) Если ум, воскрешенный Христом, предастся Христу без всяких рассуждений, Христос настолько соединяется с ним, что человек может «в своем уме созерцать образ Христа как в зеркале» – ωσπερ εν κατόπτρω την Χριστου μορφην οραν εν τω ηγεμονικω αυτου (*25, 3*).

Обоженный, обогочеловеченный «христообразный» ум – наилучшее определение состояния святых, потому что они «своим умом приобщаются сущности и природе Христа» (*15, 38*).

Такого «христоносного» и «христообразного» ума ветхозаветный мир не знал. Чистота ума является новой реальностью, которая принадлежит Новому Завету, так как только «крещение огнем и Духом очищает испорченный ум» (*32, 4*) нечистоту» (*47, 1*) и Который может лечить «слепоту ума»[20] и очистить от греха его богообразную сущность. Совершенные христиане имеют «помазанный ум» – χρίονται κατα τον νουν имеют «обоженный ум», потому что они «боги» (*17, 1*) Вечно чистый ум реально присущ только Богочеловеку. Очистить человеческий ум возможно лишь Единому Чистому и Единому Безгрешному, Только таким образом совершенные христиане, которых преподобный Макарий называет «богами», достигают чистоты ума, соединяясь со Христом. Чистота ума – единственное, что в христианстве можно назвать совершенством – 951; τελείωσις, потому что «совершенство – это не воздержание от видимого, внешнего зла. но очищение ума – κατα διάνοιαν κάταρσις»[21], ибо «совершенство не есть воздержание от зла, но если войдешь в нечистый ум и убьешь змею в глубине ума..., если убьешь ее и выбросишь из себя всю нечистоту» (*17, 15*).

Такую чистоту ума желают иметь и евреи, и эллины, но не могут ее постичь, так как ее можно постичь только «через Того, Который нас ради распят» (*17, 15*) чистоту, становится святым и чистым, и нет в его уме зла, и Дух Святой пронизывает все делание его ума (*17, 13*).

Божественный огонь Святого Духа «делает ум чистым» (*25, 10)* ум всегда движется в Царстве Троичного Божества. «Совершенно очищенный ум – ο νους τελείως κάταρισθεις – всегда созерцает славу света Христова и непрестанно с Господом, так же как и тело Господа всегда соединено с Божеством и Святым Духом» (*17, 4)*.

Совершенно очищенный ум переживает богочеловеческий характер жизни Христа как самую настоящую реальность своего бытия. Обогочеловеченный ум есть «престол Божества», а также истинно то, что «Божество и Дух – престол ума» (*6, 5)* и пришел, чтобы низложить сатану с престола богообразного ума и сделать ум «седалищем Себе» и вечным седалищем вечного Богочеловека (*6, 5)*.

4. ОБОЖЕНИЕ ВОЛИ

Воля есть единосущная часть богообразной души и своей природой проходит через все степени развития души. Обожение души происходит и через волю. Соединяясь с благодатью, воля обожается. Человеческая воля освобождается от власти диавола и излечивается только соединением с волей Божией[22]. В воле Божией воля человеческая находит свою целостность, свое здравие. Синергизм воли и благодати проявляется через «христообразную», богочеловеческую деятельность. Обоженная воля формирует всю свою деятельность по образу Божию – κατ' εἰςόνα εἰςόνα Θεου, то есть в соответствии с очищенной богообразной своей сущностью, что предполагает личное участие Триипостасного Божества.

Христообразную, духоносную личность Дух Святой ведет к совершенному исполнению воли Божией – εἰς παν το θέλημα του Θεου (18, 11) воля души согласна с волей Божией, постольку она способна на вечные, богочеловеческие дела, на служение Святому Духу (17, 8) через всю сложность жизненных обстоятельств Дух Святой ведет, поддерживает равновесие и гармонию между волей Божией и человеческой, потому что знает «волю Господню» (19, 9) Только Он учит человека познанию таинственной воли Божией, «так как только Святому Духу известна воля Божия»[23]. «Без Духа Святого... никто не может познать – 963;υνιέναι – волю Божию»[24].

Таким образом, для преподобного *Макария Великого* облагодатствование, обожение воли является правилом христианской жизни – conditio sine qua non – и необходимостью в познании Истины.

5. ОБОЖЕНИЕ СЕРДЦА

Очевидно, что, по учению преподобного *Макария Великого*, обожение личности собирает воедино все силы душ, не исключая соматическую (телесную) часть (*10, 4*) целую личность без остатка. Соединяясь с Богочеловеком, человек не теряет своей индивидуальности, потому что богочеловеческое равновесие установлено личностью Богочеловека Христа. Человек совершенен не только когда он «в Боге» – εν Θεω, но и когда Бог «в человеке» (*10, 4*) онтологически зависит от Троичного Божества. «Что становится по Духу – κατα πνευμα – ... это совершенно» – τέλειον εστιν[25]. Кто родился от Духа, тот «запечатлел образ совершенства – εικων τελειότητος – на лице и в членах»[26]. «Совершенные христиане» удостаиваются «достичь степени совершенства», то есть стать «богами... по благодати» – θεωι κατα χάριν (*17, 1*).

Для совершенствования, для благодатного возрастания личности нет предела. Граница личности есть безграничность, бесконечность, вечность, Бог. «Будьте совершенны – τελειοι, как совершен Отец ваш Небесный» (*Мф. 5:48*). Этими словами, по толкованию преподобного Макария, Господь призывает Своих последователей, чтобы они старались достичь «абсолютной чистоты»[27]. Эти же слова свидетельствуют о том, что возможно «достичь совершенства и полного освобождения от страстей» (*10, 4*) чистоты сердца и очищенным оком обоженного сердца созерцать Бога. При участии «совершенного и божественного Духа» достигается «совершенное очищение от грехов и освобождение от беззаконных страстей, что составляет вершину добродетели». «Очищенное и освященное сердце» созерцает Божество и реально переживает истину слов Христа: «Блажены чистии сердцем, яко тии Бога узрят»[28].

«Действительно, сердце (человека) непостижимая бездна», и достичь «чистоты сердца возможно только через Иисуса» – διὰ Ἰησοῦ μόνου[29]. Чистое сердце становится «царской палатой Христа». «Сюда приходит Царь-Христос с Ангелами и святыми духами, чтобы упокоиваться, и обитать, и ходить, и строить Свое царство» (*15, 33*) «со времени Христова пришествия… Бог требует чистоты сердца» (*13, 1*) Христолюбивая душа принимает от Духа Святого «совершенное освобождение от греха и страсти» (*10, 4*) Дух может «полностью искоренить грех» и освятить все части человеческой личности[30]. Но по благодатной икономии спасения необходим сенергизм (сотрудничество) человеческого духа и Святого Духа, чтобы возможно было достичь «совершенной чистоты» (*24, 5*) человек возвращается «к первозданной чистоте», чистоте до падения Адама, потому что Дух Святой освобождает от «чуждых для нашей природы злых страстей», которые мы приняли «вследствие непослушания первого человека» (*4, 8*) Огонь Святого Духа «очищает и освящает сердце» (*14, 7*) прогоняет бесов и истребляет грех» (*25, 10*) и Божественном свете, не страдает, не терпит никакого зла от нечистых духов» (*30, 6*).

«Бог есть огонь, который сжигает»[31], «Божественный огонь… созидает в человечестве небесный образ» (*11, 2*)

Когда человек растет ростом Христовым и возрастает «в совершенного человека», тогда «совершенство» побеждает «смерть» и «диавола» (*3, 5*) являются «победителями диавола» *(3, 5)* диавола – этот единственный источник греха и смерти. Пришествие Господа Христа имеет цель освободить нас от сатаны и сделать нас «победителями смерти и греха» *(26, 22)* воссозданные Богочеловеком Христом, становятся «вне осквернителя заповедей Божиих»[32], вне области и власти диавола. Они во Христе, также и Христос в них. Христос для них – «все во всем: рай, древо жизни, бисер, венец, домостроитель, земледелатель. страждущий, бесстрастный человек. Бог, вино, вода живая, овча, жених, воитель, оружие, – все во всем» *(31, 4)* личности – не только «христолюбивые», но и возлюбленные Христом, они становятся «прекрасной обителью» Святой Троицы *(49, 4)* Бог Троица, «как в своем собственном доме» *(30, 7)* Христос для того и пришел, чтобы человека сделать «Своим собственным домом и храмом» *(1, 7)* себя как храм Божий»[33].

ЗАКЛЮЧЕНИЕ

Исследователи отмечают, что христианские мистики IV в. переместили центр тяжести аскетического подвига с внешнего поведения в церкви, обществе и государстве на внутренний, сосредоточивая свой взор «на тайниках души»[34]. Доказательством такой аскетической сосредоточенности на внутреннем человеке являются «Духовные беседы» преподобного *Макария Египетского*. Углубляя мысль читателя в «умную сущность души» (*26, 1*) учение «о способах приближения и соединения души с Богом»[35]. Обобщая учение святого отца, укажем основные его положения. Человеческое естество, расстроенное грехом и увлеченное земными желаниями, разнообразными действиями благодати непрестанно призывается к Богу. На передний план жизненных обстоятельств выступает необходимость принуждать ветхое естество внешними подвигами, которыми испытывается направление свободного произволения человека. Рассматривая подвиг как аскетическое средство, христианин приобретает постоянство и духовные познания. Ум, являясь «кормчим» души и сердца, способствует внешнему подвижничеству внутренним деланием. Отказываясь принимать лукавые собеседования и исполнять греховные помыслы, ум и воля направляют действия человека на полное согласие с Духом Божиим, очищая и освящая сердце, и христианин полностью устремляется к Богу. Личность человека «находит возможным и осуществимым действительное единение души с Божеством, такое единение, в котором человеческое существо разрешается в Божеское и личность человека становится единым с Богом, когда человек мыслит, чувствует и действует не в самом себе и не для себя самого, а всецело живет в Боге и для Бога»[36].

Своим учением, по мысли исследователей. Преподобный заслуживает звания «первого по степени достоинства христианского психолога»[37]. Его духовный опыт исполнен «проникновенного знания человеческой природы»[38], он «понял значение подсознания, где сатана внушает нам дурные мысли»[39]. Большая заслуга Преподобного также и в том, что он выделил учение «о центральном месте сердца в духовной жизни»[40]. «Духовные беседы» содержат неоценимый материал по духовной борьбе христиан против темных сил»[41]. Учением о взаимном отношении благодати и свободы человека преподобный Макарий «счастливо избегает обеих крайностей в этом вопросе – и монтанистической, и пелагианской. Решение этого вопроса, им намеченное, лежит в основании символического учения Церкви по этому предмету»[42]. Таким образом. «Беседы» преподобного Макария содержат необходимое практическое руководство для духовной жизни христиан и «справедливо могут быть рассматриваемы как величайшее произведение древней восточно-христианской духовной письменности»[43].

ПРИМЕЧАНИЯ

1 Духовная беседа *(21, 3)*. Эта степень названа крайней потому, что при полном смешении понятий относительно смысла и значения жизни человек постепенно теряет самоопределяющее понятие «кто я?», «зачем я живу?», которым удерживает себя в пределах общечеловеческого нравственного закона. Потеря сознательного осмысления достаточно легко выводит за пределы человеческих норм, с самыми крайними последствиями. Этот духовный закон, выраженный с полной ясностью, находим у псалмопевца Давида: «...и человек в чести сый не разуме, приложися скотом несмысленным и уподобися им» (Пс.48:13).

2 De char. 7, col.913 C.

3 De char. 5, col.912 BC.

4 De liber. Mem.4, col.937 D.

5 II Epist. Col.416 C.

6 Ib. Col.416 CD.

7 II Epist. Col.417 A.

8 De lib ment. 12, col.944 D.

9 Ib. col.944 C.

10 De chant. 7, col.913 D-916A.

11 De chant, 16, col.921 BC.

12 II Epist. col.417 C.

13 Там же. Col.409 C.

14 II Epist. col.433 A.

15 Ib. Col.436 AB.

16 De char. 28, col.929 D – 932 A.

17 Ib. Col.932 A.

18 De patient, et discr. 18, Col.880 C.

19 De lib. ment. 12, Col.944 C.

20 De elev. ment. 11, Col.900 A.

21 De elev. ment. 20, Col.905 D.

22 II Epist. Col.421 D – 424A.

23 De char. 11, Col.917B.

24 Там же. Col.920 D.

25 De patien. et discr. 12, Col.873 D.

26 De patien. ei discr. 11, Col.873 C.

27 Deorat II, Col.861 A.

28 De pert. Spir.2, Col.844 A – Мф.5:8.

29 De elev. ment. 20, Col.908 AB.

30 De char. 31, Col.933 D.

31 De elev. ment. 7, col.729 D – 732 A.

32 De cust. cord. 7, Col.825 B.

33 II Epist. Col.416 A.

34 Попов И.В. Мистическое оправдание аскетизма в творениях преподобного Макария Египетского, Сергиев Посад, 1905, С.92, 95.

35 Барсов Н. Очерки из истории христианской проповеди, Представители нравственно-аскетического типа проповеди на Востоке в IV веке, Вера и разум, Т.1, Ч.1, Харьков, 1889, С.735.

36 Барсов Н. Указ.соч. С.735–736.

37 Там же. С.679.

38 Архиепископ Василий (Кривошеин), Богословские труды 1952–1983 гг., Нижний Новгород, 1996, С.102.

39 Там же. С.110.

40 Там же. С.102.

41 Там же. С.102.

42 Барсов Н. Указ.соч. С.740.

43 Архиепископ Василий (Кривошеин), Указ.соч. С.102.

МАКАРИЙ ВЕЛИКИЙ (МАКАРИЙ ЕГИПЕТСКИЙ)

Макарий Египетский, известный также как Макарий Великий, является одной из знаковых фигур раннего христианства и отшельничества. Он родился около 300 года в небольшой деревне в Египте. С молодости он посвятил себя религиозной жизни и около 30 лет отшельничествовал в пустыне Скит, что находится недалеко от современного Каира. Это место позже стало одним из центров христианского монашества.

Макарий известен своим строгим аскетизмом и глубокой духовностью. Он принял монашеский постриг в возрасте около 40 лет, после чего его духовная репутация только укрепилась. Макарий считался мудрым наставником и руководителем многих монахов и отшельников, живших в пустыне. Его учения и подход к монашеской жизни оказали значительное влияние на развитие христианского монашества, особенно в Восточной церкви.

Как духовный лидер, Макарий сталкивался с различными испытаниями, включая преследование и изгнание. В период правления императора Валента, который поддерживал арианство, Макарий был изгнан из своей обители и отправлен в малую Африку, где провел несколько лет, прежде чем вернуться обратно в Скит.

Макарий умер около 391 года. Его жизнь и дела описаны в различных исторических и духовных текстах, включая «Житие Макария Египетского», которое приписывается его современнику. Макарий почитается в православной и католической церквях, его память отмечается в разные дни, в зависимости от конфессии.

Его наследие включает в себя значительный вклад в развитие христианской мысли и практики, особенно в контексте монашеской жизни и аскетизма. Макарий оставил после себя ряд духовных текстов, в которых отражены его философские и теологические размышления, а его жизнь продолжает вдохновлять многих верующих по всему миру.

Православная библиотека – Orthodox Logos

- *Песня церкви - Праведники наших дней* – Артём Перлик
- *Сказки* – Артём перлик
- *Следом за овцами - Отблески внутреннего царства* – Монахиня Патрикия
- *Откровенные рассказы странника духовному своему отцу*
- *Семь слов о жизни во Христе* – праведный Николай (Кавасила)
- *О молитве* – святитель Игнатий (Брянчанинов)
- *Об умной или внутренней молитве* – преподобный Паисий (Величковский)
- *В помощь кающимся* – святитель Игнатий (Брянчанинов)
- *Христианство по учению преподобного Макария Египетского* – преподобный Иустин (Попович), Челийский

www.orthodoxlogos.com

www.ingramcontent.com/pod-product-compliance
Lightning Source LLC
Chambersburg PA
CBHW030317100526
44585CB00014BA/959